ÉDOUARD FUSTER

Les Étapes de la Lutte

contre

l'Ankylostomiase

en Allemagne

PARIS

55, rue de Châteaudun, 55

—

1905

EDOUARD FUSTER

Les Étapes de la Lutte

contre

l'Ankylostomiase

en Allemagne

IMPRIMERIE
CONTANT-LAGUERRE

LVX IN VITAM

BAR-LE-DUC

ÉDOUARD FUSTER

Les Étapes de la Lutte

contre

l'Ankylostomiase

en Allemagne

PARIS

55, rue de Châteaudun, 55

1905

Les Étapes de la Lutte

contre

l'Ankylostomiase

en Allemagne [1]

Par M. ÉDOUARD FUSTER

Secrétaire général de l'Alliance d'hygiène sociale

Il n'est pas sans intérêt, pour le lecteur français de ce livre [2], de connaître l'*armement anti-ankylostomiasique* allemand et de parcourir les étapes par lesquelles passèrent compagnies et gouvernement en un pays qui, plus frappé que tous les autres, se défend plus énergiquement aussi.

L'attention n'aura pas d'ailleurs à se disperser sur un grand nombre d'années, car deux textes de date récente, deux ordonnances de police minière, édictées en 1900 et en 1903, concrétisent les principales mesures prises, — ni sur un vaste territoire, car l'ankylostomiase, à peu près

---

(1) D'après la collection du *Glückauf*, de la *Bergarbeiterzeitung*, les procès-verbaux des conférences ministérielles, les débats du Reichstag et les comptes rendus de la Caisse générale de secours de Bochum (Knappschaftverein).

(2) L'étude ci-après a été publiée en appendice, à la fin de l'ouvrage sur l'*Ankylostomiase* que les docteurs Calmette et Lebreton viennent de faire paraître chez l'éditeur Masson (1905).

Les renseignements statistiques de la fin ont été mis à jour (mars 1905).

inconnue dans la Silésie, le bassin de la Sarre ou les autres mines allemandes, a son terrain d'élection en Westphalie.

C'est là qu'introduite, on ne sait exactement par quels étrangers, elle a pu infester des exploitations très rapprochées les unes des autres, entre lesquelles l'échange d'ouvriers est constant; exploitations à personnel nombreux; de plus, profondes, assez chaudes, et parfois humides ou rendues humides par les arrosages prescrits en vue de prévenir les incendies de poussières.

C'est là aussi qu'elle a atteint une population en partie autochtone ou d'établissement relativement ancien, et en partie déracinée, venue des provinces slaves de la monarchie prussienne ou de l'Autriche, attirée par les salaires élevés, difficile à éduquer sinon à agiter. Quatre syndicats ouvriers antagonistes, dont l'un social-chrétien, un autre socialiste, groupant environ 110.000 ouvriers sur 270.000. Une caisse générale de secours, vaste organisme un peu bureaucratique, sur lequel s'exerce en sens contraires l'influence des fonctionnaires, des patrons et des deux partis ouvriers, tenu par suite à mille ménagements. Des compagnies très puissantes, surtout dans la région atteinte par l'ankylostomiase, fermement associées en un Comité des houillères et en un Syndicat général de vente. Enfin une Administration minière, une Inspection générale, dont les fonctionnaires, rapprochés par leur culture du personnel des compagnies, sont toutefois à l'égard de celle-ci, comme à l'égard des hommes politiques, d'une indépendance ombrageuse. Une maladie sociale apparaissant un peu brusquement dans un tel milieu devait provoquer bientôt des réactions caractéristiques, des manifestations à la fois bien localisées et très généralisées.

°°

L'attention des compagnies houillères rhénanes-westphaliennes et de l'Inspection générale de Dortmund a été attirée sur l'ankylostomiase en 1886, puis de nouveau en 1892, par des cas isolés. L'Administration, représentée par l'Inspection générale de Dortmund, chargea le professeur Lœbker, directeur du grand hôpital de Bochum pour les blessés du travail minier, de procéder à une enquête. Elle dura de 1892 à 1895. En mai 1896, une « conférence » conseilla l'examen de tous les ouvriers wallons avant leur embauchage — car on croyait alors que ces immigrés étaient les seuls agents de l'infestation, — puis l'examen clinique général du personnel par les médecins de la Caisse de secours, à l'occasion du paiement des salaires, avec traitement des malades dans un hôpital.

L'application de ces premières mesures fut confiée à la caisse générale de secours, c'est-à-dire, en fait, à son médecin principal, le Dr Tenholt.

Ces revisions générales, *qui ne comportaient pas d'examen microscopique*, donnèrent jusqu'à la fin de 1902 les résultats suivant :

1896, 107 cas de maladie dans 16 mines, soit 6,4 par 10.000 mineurs.
1897, 113   —   32   —   6,2   —
1898, 99   —   24   —   4,9   —
1899, 94   —   27   —   4,4   —
1900, 275   —   42   —   11,7   —
1901, 1030   —   65   —   40,6   —
1902, 1355   —   69   —   52,9   —
      (9 premiers mois).

Il s'agissait donc, au début, d'une poignée d'hommes. On le croyait du moins, et, pendant cette chasse aux anémiques gravement atteints, on laissait les mines s'infester plus complètement. On peut dire que cinq à six ans ont été ainsi perdus.

Pourtant M. Lœbker et quelques autres spécialistes avaient pressenti l'extension que pourrait prendre, que prenait déja en fait, la maladie. Ils durent peu à peu gagner l'opinion aux diverses mesures de prophylaxie qu'il a suffi plus tard de codifier, de généraliser.

Ces mesures d'ailleurs ne sont pas spéciales à l'Allemagne ; elles n'offrent rien d'extraordinaire, — à moins qu'on ne qualifie d'extraordinaire l'énergie avec laquelle les compagnies ont lutté elles-mêmes contre le mal ou accepté des mesures gênantes ou coûteuses, et la hardiesse avec laquelle l'Administration a plié toute une population ouvrière sous le contrôle des hygiénistes, qui parut un peu sévère, même à des ouvriers plus résignés que des Anglais et des Français.

La première pensée devait être d'empêcher, sans rien modifier d'autre part, le dépôt et en tout cas le développement des œufs dans la mine.

Puis, lorsqu'on s'aperçut que ces précautions, suffisantes en théorie, étaient, en fait, lentes, inefficaces ou coûteuses à l'excès, il fallut bien recourir en outre à un système plus radical, qu'en d'autres pays peut-être on serait moins libre d'appliquer : *saisir le malade lui-même, dépister l'ankylostomé ou l'ankylostomiasique qui s'ignore, lui interdire d'aller contaminer ses camarades avant qu'un traitement spécial l'ait guéri.*

Deux séries de mesures résument ainsi la lutte contre l'ankylostomiase dans le pays qui l'a le plus énergiquement et le plus fructueusement engagée :

1° L'assainissement de la mine.
2° L'assainissement du personnel.

o°o

1° L'assainissement de la mine.

A. *Les mesures de propreté.* — Les mesures de propreté sont les premières auxquelles les mines recoururent, soit spontanément, soit sous la pression de l'Administration. Des arrêtés de police minière imposèrent en 1896, à quelques mines déjà reconnues infestées, l'organisation d'un service de bains, vestiaires et water-closets à l'extérieur, et de latrines à l'intérieur des travaux.

Les progrès furent lents. L'étendue du mal était encore insuffisamment appréciée.

Il faut attendre jusqu'au 12 mars 1900 pour voir apparaître une mesure générale : une ordonnance de police, applicable à tout le bassin rhénan-westphalien, imposait les services de propreté ainsi que l'organisation des prompts secours en cas d'accident. Elle est assez importante pour que nous donnions ici le texte des articles qui concernent les vestiaires, bains et tinettes.

Par application de l'art. 197 de la loi minière du 24 juin 1865, rédaction du 24 juin 1892, il est ordonné ce qui suit :

I. — VESTIAIRES POUR LE PERSONNEL.

Article premier. — Auprès de tout puits de mine où des mineurs montent et descendent régulièrement, il doit exister un local d'une grandeur correspondant à l'importance du personnel, local dans lequel les ouvriers puissent se déshabiller et séjourner. Ce local doit être tenu proprement, être bien aéré et être chauffé si la saison l'exige.

II. — BAINS-DOUCHES.

Art. 2. — 1° Auprès de tout puits de mine où des mineurs montent et descendent régulièrement, il doit exister une installation de bains-douches correspondant à l'importance du personnel; ces bains-douches doivent être maintenus propres et en bon état. L'installation doit être organisée de telle façon que les ouvriers âgés de moins de dix-huit ans accomplis puissent se baigner et s'habiller ou déshabiller dans un endroit séparé des autres ouvriers.

2° Les eaux pompées au puisard de la mine ne peuvent être employées à l'alimentation des bains-douches.

3° L'Administration des mines a le droit d'étendre ces obligations, pour des motifs particuliers, à certaines mines d'autres catégories.

Art. 3. — Les piscines pour bains en commun sont interdites.

III. — INSTALLATION DE LIEUX D'AISANCE.

Art. 4. — Dans toute mine, il doit être pourvu, au fond et au jour, à l'installation rationnelle d'un nombre de lieux d'aisance répondant aux nécessités. Au fond, il doit être notamment installé des lieux d'aisance :

a) A toutes les recettes des puits ;

b) Dans les galeries principales, aux endroits où les trains de berlines se forment :

c) Dans chaque quartier de mine, à un endroit approprié;

d) En outre, aux emplacements où l'ingénieur du corps des mines estime nécessaire l'installation de lieux d'aisance.

Art. 5. — Tous les lieux d'aisance placés au fond doivent être installés de telle façon que les récipients destinés à contenir les matières fécales soient imperméables, pourvus de couvercles et transportables. La vidange de ces récipients ne peut avoir lieu qu'au jour et seulement dans des fosses imperméables spécialement installées à cet effet.

Art. 6. — 1º Les lieux d'aisance doivent être maintenus constamment dans un état tel qu'ils soient propres, d'un emploi facile, et autant que possible sans odeur, grâce à l'addition de substances appropriées.

2º Lorsque éclatent des maladies qui peuvent être propagées par les résidus humains, les récipients doivent contenir, sur indications de l'ingénieur des mines, des moyens de désinfection, et les sièges doivent, lors du changement des récipients, être nettoyés au moyen d'agents antiseptiques appropriés.

Art. 7. — La défécation est interdite en tout endroit autre que les lieux d'aisance.

Art. 8. — Il est interdit de salir les lieux d'aisance.

Art. 9. — Dans toutes les voies de taille et galeries qui servent à l'extraction et au roulage, il doit être pourvu à un enlèvement des eaux, suffisant pour prévenir autant que possible les accumulations d'eaux chargées de boue de charbon.

D'après l'exposé des motifs, la disposition de la *Section I*, rééditée de l'ordonnance du 2 avril 1892, a fait ses preuves et se trouve généralement observée.

« En ce qui concerne la *Section II* les mines, au cours des dernières années, ont, en nombre toujours croissant, substitué aux piscines communes les installations individuelles de douches. La généralisation de cette mesure est un postulat de l'hygiène. On a acquis la certitude que les piscines constituent un danger, car elles favorisent la dissémination des microbes et la contamination des ouvriers sains ; il en est ainsi, en particulier, du trachome (maladie des yeux), de la fièvre typhoïde, de l'ankylostomiase, etc.... Les douches ne présentent ce danger à aucun degré.

« La *Section III* ne fait, en somme, que généraliser les mesures de police prises à l'égard de certaines mines gravement infectées par l'ankylostome. Les passages incessants d'ouvriers d'une compagnie à l'autre et la diffusion déjà considérable de la maladie rendent désormais illusoires des mesures qui ne s'étendent pas au bassin entier. Les mesures ordonnées ici empêcheront en même temps la propagation de diverses autres maladies ».

Certaines mines ont été spontanément plus loin encore. La compagnie de Gelsenkirchen, qui est la plus importante du bassin de la Ruhr, et qui possède, entre autres mines, l'une des plus contaminées (Erin), a bien voulu nous communiquer le texte de l'ordre de service par elle adressé, le 13 février 1903, à ses ingénieurs des fosses. Voici les mesures assez radicales qu'elle a prises :

1° Tous les baquets-tinettes en bois doivent être remplacés sans retard par des tinettes métalliques avec couvercle.

2° Ces tinettes doivent être installées en assez grand nombre pour qu'aucune ne soit distante de plus de 200 mètres du chantier de travail ; aucune ne doit toutefois se trouver à moins de 30 mètres dudit chantier. D'une manière générale, il est désirable que, dans les plans inclinés, il y ait au moins une tinette par trois niveaux, à savoir au niveau intermédiaire. Dans les voies de taille servant à l'exploitation de plusieurs couches, il y a lieu de placer une tinette à la rencontre de chaque couche. Le nombre des tinettes doit être calculé de telle sorte qu'il y ait au moins une tinette pour huit hommes occupés au poste du matin. Dans le voisinage des recettes, il doit être pourvu à l'établissement d'un nombre de tinettes assez grand pour satisfaire aux besoins du grand nombre d'ouvriers qui se réunissent à cet endroit au moment du changement de poste.

3° Les tinettes doivent être installées dans des niches, soit creusées dans la roche, soit établies en planches. Les murs intérieurs de ces niches doivent être constamment blanchis à la chaux ; on doit également veiller à ce que les tinettes soient désinfectées au moins une fois par jour.

4° Tous les surveillants du fond, porions, surveillants de l'extraction, boute-feux, doivent être invités à instruire les ouvriers au sujet des dangers résultant du dépôt des excréments dans les travaux, et à agir énergiquement pour faire sans exception utiliser les tinettes. Les désobéissances à ces ordres doivent être immédiatement portées à la connaissance de l'ingénieur de la fosse. Si, au cours de visites d'inspection, il est constaté que ces prescriptions sont négligées, les employés fautifs ou, si on ne peut les découvrir, tous les employés du quartier intéressé, se verront punir du retrait de leur prime.

Il doit être porté à la connaissance des ouvriers, par voie d'affiches, que tout dépôt d'excréments en un lieu autre que les tinettes sera puni très sévèrement, et sera dans chaque cas porté à la connaissance de l'ingénieur du contrôle.

Les installations de lieux d'aisance, au jour, doivent être, s'il y a lieu, agrandies de façon qu'il y ait au moins un siège par 100 hommes de l'ensemble du personnel. En outre, il doit être pourvu aux installations nécessaires pour la vidange et la désinfection des tinettes par la vapeur.

La conférence de spécialistes réunie au ministère du Commerce le 4 avril 1903 a fait grand éloge de ces dispositions.

Théoriquement, il suffisait, en effet, que l'on empêchât la défécation sur le sol de la mine pour que dans un certain délai, les mines fussent assainies. Les Allemands ne se sont pas fait beaucoup d'illusions à cet égard, ou, du moins, elles se sont bientôt dissipées. Ils ont, parfois à grands frais, atténué le mal ; il n'ont pu empêcher les négligences coupables, ni empêcher que l'état de saleté des tinettes n'écartât les ouvriers propres. Et d'ailleurs pouvait-on multiplier les tinettes à tel point que tout ouvrier pût en trouver une sans s'absenter trop longtemps du travail et sans perdre, par conséquent, trop de salaire puisqu'il est d'ordinaire payé aux pièces? Ici, plus qu'ailleurs, il faut compter avec l'indifférence et avec le souci du gain.

Les chefs ouvriers ont toujours affirmé que le nombre des tinettes était insuffisant, puisque, là même où il y en a le plus (mine Shamrock de la Cⁱᵉ Hibernia), le directeur reconnaît que cinq minutes peuvent être nécessaires à un ouvrier pour en atteindre une. Il s'efforcent, disent-ils, de faire appel à l'esprit de solidarité des camarades ; trop de Slaves, malheureusement, ne connaissent guère que leur langue maternelle et ne comprennent pas les avis donnés en langue allemande, la seule admise par le gouvernement prussien ; il serait indispensable de créer des contrôleurs ouvriers, chargés de veiller à la salubrité des travaux. Le ministre ne voulut pas suivre les représentants ouvriers sur ce terrain. L'impression générale fut qu'il serait désirable que les mines offrissent plutôt aux ouvriers l'occasion de se soulager avant de descendre dans la mine, et qu'une longue éducation pourrait seule mettre fin à des habitudes de malpropreté.

Il ne fut, depuis lors, plus question de ces installations, dont les Allemands ne paraissent pas s'exagérer la valeur prophylactique et dont nous aurons plus loin l'occasion d'indiquer le coût considérable.

o_oo

B. *La désinfection de la mine.* — Si peu souillé qu'il soit par les déjections des porteurs de vers, le sol de la mine ne l'en est pas moins. Il importe au premier chef que les ouvriers sains ne soient plus exposés à la contagion et que les ouvriers guéris ne se réinfectent pas. Ne pourra-t-on empêcher les œufs d'évoluer, la larve de vivre ?

Les spécialistes allemands ont parlé de *désinfectants,* mais sans trop y croire. Les conférences du 4 avril 1903 et du 5 décembre 1903 s'en sont occupées sans aboutir, et M. Kirchner, commissaire du Gouvernement, lors de l'interpellation au Reichstag de janvier 1904, a raillé ceux qui prétendent désinfecter des kilomètres de galerie par des produits d'une action encore incertaine !

Mieux vaudrait, a-t-on dit, créer de mauvaises conditions de développement pour le parasite. En somme, l'ankylostomiase est une maladie des pays chauds : il suffit, pour s'en rendre maître, d'éviter que l'intérieur des houillères ne présente les conditions du climat tropical : chaleur et humidité en même temps qu'absence d'air et obscurité.

On a pensé — M. Tenholt surtout — que le principal facteur du développement des œufs et des larves est l'humidité. Or, pour éviter l'accumulation de poussières de charbon et ces incendies ou explosions de poussières qui centuplent les effets des coups de grisou, l'Administration des mines a, par une très rigoureuse ordonnance de 1898, appliquée depuis 1900, imposé l'*arrosage, par pulvérisation d'eau, des chantiers.*

On comprend que M. Tenholt se plaigne de voir maintenir les mines en état d'humidité constant. Les avis sont pourtant très partagés. L'Administration, à titre d'essai, a suspendu l'application de la mesure dans quelques mines. Or, d'après les derniers renseignements, aucun résultat certain n'aurait été constaté.

En somme, conclurent les spécialistes réunis par le ministre le 5 décembre 1903, « nous ne savons pas tout ». L'allure des couches de charbon, l'inclinaison plus ou moins accentuée, doivent avoir une influence. Rien n'est plus malaisé que de retrouver les œufs ou les jeunes larves dans les boues d'une mine et sur les bois ! La température elle-même est variable d'un point à un autre. Une mine réfractaire dans la plupart de ses galeries ou chantiers, a des retours d'air plus chauds, moins bien asséchés, où, précisément, les ouvriers vont volontiers pour enfreindre la défense de s'exonérer dans la mine. M. Bruns, d'ailleurs, n'affirme-t-il pas aujourd'hui que l'œuf évolue à une température inférieure à celle qu'on croyait indispensable et des mines assez fraîches n'ont-elles pas, au cours de l'enquête dont nous allons parler, révélé la présence de porteurs de vers parmi des ouvriers occupés depuis 8 ou 10 ans dans la même mine ?

Dans ces conditions, il ne pouvait être question d'imposer aux mines une aggravation des mesures de police actuelles, en exigeant d'elles la désinfection des galeries et chantiers, l'asséchement, une ventilation plus active, etc. L'étude de ces questions techniques, a-t-on conclu, devait être continuée. Mais il y avait d'autres mesures plus urgentes à prendre.

₀°₀

2º L'assainissement du personnel.

*A. — Le dépistage des porteurs de vers et
l'interdiction du travail au fond.*

Pendant que les mines et l'Administration tâtonnaient au sujet des mesures d'assainissement, la statistique révélait une augmentation inquiétante du nombre des cas d'ankylostomiase grave, cliniquement constatés. Retenir loin du travail et soigner ceux-là seuls, parmi les ouvriers, qui présentaient des signes d'anémie, n'avait donc produit aucun résultat utile. Il fallait autre chose, et, tout d'abord, il fallait savoir quelle était l'étendue réelle du mal, dépister les malades de demain, déjà contagieux aujourd'hui.

Il est intéressant de noter que les compagnies houillères n'hésitèrent pas, dès qu'elles eurent conscience du danger. C'est à leur initiative qu'on doit l'organisation, vers la fin de 1902, d'enquêtes plus scientifiques, condition nécessaire d'une prophylaxie vraiment efficace.

Le Dr Bruns, directeur de l'Institut bactériologique établi en plein bassin houiller, à Gelsenkirchen, préconisait l'examen microscopique des selles de tout le personnel. La grande Compagnie Hibernia ne recula pas devant les ennuis et les frais d'une telle enquête. Une lettre qu'elle écrivait à la Caisse générale de secours et qui a été lue au Reichstag [1] est tout à son honneur;

---

(1) Interpellation des 12-13 janvier 1904.

la situation est si grave à la mine Shamrock que « des mesures extraordinaires » s'imposent; les examens du personnel devraient être beaucoup plus fréquents; ils devraient être renouvelés tous les quinze jours, tous les huit jours même, etc...

La Caisse générale de secours hésitant encore à intervenir, d'autres compagnies commencèrent spontanément à procéder aux recherches microscopiques et établirent des stations d'examen. La Caisse de secours enfin nomma une Commission d'études sur l'ankylostomiase, composée de 3 patrons, 5 ouvriers et de quelques fonctionnaires ou spécialistes.

Pendant ce temps, le tableau de l'infestation se modifiait du tout au tout. Les simples *porteurs du ver* firent leur apparition dans la statistique, et toute l'étendue du mal, jusqu'alors à peine soupçonnée, fut enfin révélée. On constate, en effet, lorsque l'on rapproche la statistique des neuf premiers mois 1902 et les résultats donnés par les examens miscroscopiques effectués pendant le dernier trimestre de la même année, des différences décisives :

CHARBONNAGES.	NEUF PREMIERS mois. — Malades.	DERNIER TRIMESTRE. — Porteurs de vers.		
Graf Schwerin	296	75,2 0/0, soit environ		1115
Erin	297	70.75	—	1370
Lothringen	80	41,1	—	875
Shamrock I et II	258	40	—	1160
Westhausen	3	37.8	—	320
Friedrich der Grosse	4	26,7	—	675
Von der Heydt	6	22	—	285
Julia	12	19,5	—	260
Mont-Cenis I	2	12,9	—	130

Cela ne donne-t-il pas à penser, concluait le conseiller des mines Reuss, lors de la Conférence de spécialistes dont nous parlons plus loin, que l'infestation est très gé-

néralisée et qu'il y a dans bien d'autres mines des porteurs de vers que l'œil du clinicien n'a pas dépistés?

D'autre part, M. Reuss pouvait en même temps an-
noncer que, dans certaines mines (Julia, par exemple),
l'examen microscopique général avait été effectué à deux
reprises déjà par les soins de la Compagnie, et que, au
second examen, 13,9 0/0 des ouvriers étaient encore porteurs de vers. De nombreux examens seraient donc nécessaires avant que l'on pût considérer une mine comme
débarrassée du ver.

Ces premiers résultats provoquèrent une sorte de pa-
nique. Les deux syndicats d'ouvriers mineurs réclamèrent
des mesures énergiques contre « l'incurie des exploitants ».
Une première interpellation mit le Reichstag au courant
de la situation, au début de 1903.

Le ministre du Commerce et de l'Industrie, M. Möller, qui n'avait pas attendu l'interpellation pour étudier
la question, réunit, le 4 avril 1903, à Berlin, une Conférence de spécialistes de toutes catégories ; il en publia
aussitôt le compte rendu et, depuis lors, le *Moniteur de
l'Empire* porte à la connaissance du public tous les renseignements relatifs à l'ankylostomiase.

Les représentants de l'Inspection générale des mines
de Dortmund soumirent à cette Conférence les dispositions principales de l'ordonnance qu'ils se proposaient de
rédiger, pour la rendre applicable à toutes les mines du
bassin, et des arrêtés qu'ils comptaient prendre à l'en-
contre de telle ou telle des mines les plus gravement
atteintes.

« Les mines — demanda M. le conseiller Krabler,
président du Comité des houillères de Westphalie — peu-
vent-elles être astreintes à subir ces enquêtes? La question a été longuement débattue au Comité des houillères.
Nous espérions que notre vieille institution de secours fe-
rait le nécessaire pour attaquer efficacement le mal. Elle
a échoué. Il ne reste qu'un moyen : recourir à l'initiative
des intéressés. Les mines affiliées au Comité ont donc

décidé de faire faire, par des médecins qu'elles paieront, ces enquêtes qu'elles estiment indispensables ; mais je ne vois par qu'une intervention de la police minière soit utile en ce qui concerne les exploitants. Elle se comprendrait davantage au regard des ouvriers. *Actuellement, nous ne pouvons obliger aucun ouvrier à se soumettre à l'examen désiré.* Nous pouvons, il est vrai, lui refuser l'embauchage, mais rien de plus ».

« Je suis d'accord avec M. Krabler, répondit le conseiller Reuss (de l'Inspection de Dortmund), pour penser qu'il n'y a pas lieu d'intervenir contre les mines qui procèdent spontanément à cet examen. Mais il faut que les ouvriers soient contraints de le subir ».

Bientôt en effet était publiée l'*ordonnance générale de police du 13 juillet 1903*, dont le texte est reproduit aux documents annexés à ce livre [1].

Il suffira ici d'analyser l'exposé des motifs. D'après ce document l'*ankylostomiase* a pris un tel développement dans le bassin de la Ruhr, que l'ordonnance de police du 12 mars 1900 est devenue insuffisante. Elle doit être complétée tant par les dispositions générales de l'ordonnance nouvelle que par les arrêtés spéciaux déjà pris à l'égard des mines infectées ou suspectes, ou à prendre par application de la nouvelle ordonnance à la suite des examens collectifs prévus à l'article 4.

Pour bien combattre la maladie, il importe d'en connaître l'étendue. Si le coup de sonde, jeté dans une mine par l'examen de 20 0/0 du personnel du fond, révèle que la mine est infectée, il sera procédé, au besoin en vertu d'arrêtés spéciaux, à l'examen de *tout* le personnel. On connaîtra ainsi *tous* les malades. Mais, pour guérir le plus vite possible les ouvriers atteints et arrêter les progrès de la maladie, il sera nécessaire, lors de ce coup de

---

(1) Publié également dans la circulaire 2632 du Comité central des Houillères de France.

sonde et, bien entendu, à l'occasion aussi des examens
ultérieurs, d'interdire le travail souterrain aux ouvriers
porteurs du ver et de ne les admettre de nouveau qu'une
fois débarrassés de ce parasite par une cure d'évacuation.
C'est ce que prescrit l'article 5.

La Caisse générale de secours ou le directeur de
l'institut des maladies contagieuses de Gelsenkirchen
(Dr Bruns) sont à la disposition des mines pour leur indiquer des médecins capables de faire les examens exigés.

L'examen doit porter sur les déjections d'au moins
trois jours différents : bien entendu, si la première ana-
lyse a révélé la présence du parasite, les deux autres sont
superflues.

Les prescriptions (de l'article 2) relatives au choix des
ouvriers à faire examiner, doivent être très minutieuse-
ment observées. En cas d'inobservation, la mine risque
d'être astreinte à un second examen collectif. L'adjonc-
tion d'un médecin permettra de choisir en particulier les
ouvriers dont l'apparence révèle déjà la maladie et qu'il
importe, par conséquent, à la fois de soigner sans retard
et d'empêcher de contagionner plus longtemps les autres.

Le second chapitre de l'ordonnance traite de la prophylaxie de la maladie. Aucune mesure, si rigoureuse
soit-elle, n'empêche les ouvriers de se soulager au fond de
la mine ailleurs que dans les tinettes — les expériences
recueillies ces derniers temps ont prouvé qu'il faut s'attendre de leur part à d'incessantes contraventions à l'article 7 de l'ordonnance de police sur l'hygiène des mines — ; il devient donc indispensable de ne plus admettre
au travail souterrain aucun porteur du ver.

Tout nouvel embauché devra être porteur du certificat
prévu à l'article 3. Il est bien probable, en effet, que le
va-et-vient considérable des ouvriers, de mine à mine, est
la cause principale du développement qu'a pu prendre la
maladie.

Pour faciliter l'obtention du certificat à l'ouvrier qui
change de lieu de travail, et pour éviter — du moins en

cas de congé régulièrement donné — qu'il subisse une interruption de travail, il est prévu qu'il pourra déjà faire procéder à son examen médical dans la quinzaine qui précède son départ. Du reste, le fait qu'il ne serait pas porteur du certificat ne l'empêcherait pas d'être occupé aux travaux du jour.

L'examen complémentaire prévu à l'article 4 s'impose, car, sans cette mesure, un ouvrier dont les déjections ne contiennent pas d'œufs, avant son embauchage, mais qui serait néanmoins porteur de vers encore insuffisamment développés à ce moment, infecterait librement la mine au bout de quatre à six semaines, lorsque les vers seraient devenus aptes à la reproduction. L'examen complémentaire doit ainsi servir à découvrir après coup les ouvriers admis comme indemnes, alors qu'ils en étaient déjà au début de la maladie.

Les fosses où s'appliquent déjà des arrêtés particuliers sur la lutte contre l'ankylostomiase sont laissées en dehors de l'application des articles 1 et 2 ; de même pour les fosses où l'exploitant a déjà organisé un examen permanent, répondant aux desiderata.

°_°°

B. — *Les difficultés d'application et les résultats du traitement.*

L'ordonnance fut appliquée strictement. Elle le fut peut-être même un peu rudement.

Ce n'est pas le monde patronal, cependant, qui s'en plaignit.

Les Compagnies, avons-nous dit, s'étaient résignées à faire des sacrifices, encore que ces sacrifices fussent assez lourds. Car la lutte contre l'ankylostomiase coûte cher, surtout quand on a longtemps tardé à l'engager. Le ministre M. Möller, au cours de l'interpellation socialiste des 12-13 janvier 1904, a indiqué que, jusqu'à la fin de novembre 1903, il avait été dépensé par les mines :

Pour l'établissement et l'entretion des stations d'examen, pour les médecins chargés de l'examen, pour les baraquements affectés au traitement : 781.053 *marks;*

Pour l'assistance des malades et de leurs familles : 372.813 *marks;*

Pour les certificats : 43.735 *marks.*

Soit, au total, environ 1.200.000 *marks.*

Il y faudrait ajouter les dépenses qu'a entraînées l'installation des bains, water-closets et tinettes. L'une des très grandes Compagnies, qui entre dans les 1.200.000 marks ci-dessus indiqués pour 114.399 *marks,* n'a pas dépensé, en outre, moins de 297.225 *marks* pour le service de propreté [1].

Mais c'est du côté des ouvriers que l'opposition se fit sentir. L'ordonnance du 12 juillet 1903 entrait à peine en application qu'une redoutable agitation se manifestait dans tout le personnel. Dans le bassin rhénan-westphalien, on se souvenait encore de la triste grève de 1889; qu'adviendrait-il si les 270.000 ouvriers mineurs, dont beaucoup étaient des Slaves rudes et prompts aux excès, cédaient aux excitations?

Les questions de salaires n'étaient que l'accessoire cette fois-ci. Le ferment de l'agitation était l'application des mesures contre l'ankylostomiase. Tous les jours, des réunions publiques et des articles de journaux protestaient contre le certificat médical, contre les pertes de salaires qui résultaient du traitement, et contre ce traitement lui-même.

Obligés, lorsqu'ils voulaient se faire embaucher pour la première fois ou voulaient changer de mine, de fournir un certificat médical attestant que leurs selles ne

____

(1) En janvier 1905, au cours d'une de ses réponses aux interpellations sur la grève des mineurs westphaliens, M. le ministre Moller a évalué à *7 ou 8 millions de marcs* les dépenses *de tout ordre* provoquées par l'ankylostomiase.

contenaient pas d'œufs, les ouvriers s'irritaient d'avoir à payer les frais de certificat, etsurtout d'avoir à chômer le temps nécessaire à l'examen, sans que personne leur remboursât le salaire ainsi perdu. Quelques mines payaient les frais du certificat, mais la majorité s'y refusaient.

Dans une circulaire adressée aux Compagnies dès le 7 mai 1903, le Comité des Houillères de Westphalie résumait ainsi les mesures de police proposées :

« Tout ouvrier qui veut être embauché dans les travaux du fond, ou qui change de mine, doit, avant d'être admis, produire un certificat médical établissant que l'examen des selles de trois jours différents n'a pas révélé la présence d'œufs d'ankylostome. En outre, il est probable que, pour arriver à connaître l'étendue de la maladie, l'Administration ordonnera un examen systématique de tout le personnel du fond ».

Et il ajoutait :

« La maladie a pris une extension telle et l'ankylostomiase est encore si mal connue et si mal combattue, que seules des mesures générales peuvent y porter remède. Votre Comité a donc décidé à l'unanimité que l'examen du personnel et en particulier la rémunération des médecins qui recevront la mission de l'effectuer, sera à la charge des Compagnies ».

Une autre circulaire annonçait bientôt que cette rémunération devait être de 1 mark par ouvrier au minimum.

Par contre, le Comité a résolument déclaré que les frais du certificat exigé des nouveaux embauchés devaient rester à la charge de ceux-ci. Quelques mines ayant passé outre à cette recommandation, une circulaire du 27 août 1903 est venue leur rappeler que le va-et-vient du personnel étant l'une des causes principales de la propagation de la maladie, et que, pour décourager les ouvriers de changer trop facilement de mine, il fallait absolument laisser à leurs frais l'examen exigé par l'Administration.

Quant aux frais des examens ultérieurs, au bout de

six semaines par exemple, le Comité estime qu'ils doivent être à la charge des Compagnies; de même pour l'examen des réservistes qui rentrent à la mine.

Ces frais de certificat étaient d'ailleurs peu élevés ; de 6 marcs, ils furent abaissés à 2 marcs partout où les mines eurent installé des laboratoires.

Plus grave était, pour les ouvriers traités, l'application stricte des statuts de la Caisse générale de secours. Pendant les trois premiers jours de la maladie (délai de carence) aucun secours ne peut être payé; de plus, pendant qu'un assuré est soigné à l'hôpital, le secours en espèces est réduit à très peu de chose (un quart environ du salaire). Le 8 août, la Caisse générale de secours consentait à payer le secours pendant le délai de carence. De son côté, le Comité des Houillères de Westphalie, le même jour, recommandait à ses adhérents de compléter, au bénéfice des ouvriers traités pour ankylostomiase, le secours en espèces de façon à le porter au demi-salaire. Un certain nombre de mines ont été assez généreuses pour remplacer complètement le salaire perdu. La plus puissante compagnie, la Gelsenkirchener, a étendu cette mesure à toutes ses mines, ce qui représente une dépense considérable, un très grand nombre de ses ouvriers étant atteints. Sa concurrente, la Harpener, également très touchée, accordait des secours extraordinaires à toutes les familles des ouvriers traités.

Mais ce n'était pas tout. Le traitement en lui-même était considéré comme une calamité par les ouvriers. De véritables légendes couraient parmi le peuple, convaincu que toutes les maladies menaçaient le malheureux contraint d'entrer à l'hôpital pour avaler les « grosses pilules noires » à l'extrait de fougère mâle. « Il y a, écrivaient les journaux ouvriers, des camarades qui ont pris déjà 40 de ces pilules, dont une paire suffit pour expulser le ver solitaire, et ils ne sont pas guéris. Il y en a qu'on déclarait guéris, et, quinze jours après, ils devaient recommencer, sans plus de succès. La diarrhée que provoque ce traitement épuise affreusement et enlève tout appétit. Finalement, on doit cesser le traitement : que faire alors! Pas moyen d'être embauché, où que ce soit. Pendant un semestre, la Caisse de secours donne son indemnité, le demi-salaire; après quoi il faut chercher à se faire attribuer la maigre pension d'invalidité; et que de fois ces hommes jeunes ne se trouvent même pas dans les conditions requises pour être pensionnés ! »

Les ouvriers connaissaient l'anémie des mineurs et comprenaient à la rigueur qu'on traitât, et qu'on éloignât des travaux du fond, les camarades qu'ils *voyaient* atteints ; mais une longue éducation pouvait seule leur faire admettre que les mêmes mesures de protection et d'ostracisme fussent prises à l'égard de camarades qui vaquaient encore gaillardement à leur métier. « On nous prend pour sujets d'expériences, concluaient les orateurs populaires, et tous les remèdes sont inefficaces et épuisants ».

Quatre mois après l'entrée en vigueur de l'ordonnance, le ministre réunissait de nouveau à Berlin les principaux spécialistes (le 5 déc. 1903).

Les hauts fonctionnaires des mines se déclaraient satisfaits des résultats déjà obtenus : l'enquête générale, dit le conseiller Reuss, a révélé quels étaient les foyers de la maladie. En outre, et surtout, la mise en traitement de très nombreux malades a eu pour effet une diminution considérable du nombre des porteurs de vers. En d'autres termes, il y a diminution des occasions de contagion et l'on ne rencontre presque plus de véritables malades ».

Mais ce succès, demandait le ministre, n'a-t-il pas été chèrement acheté par les effets indirects du traitement? La presse a retenti des plaintes ouvrières. On dit :

1° Que les cures échouent complètement dans des cas assez nombreux et qu'on les recommence parfois cinq ou six fois, ou davantage, sans plus de succès ;

2° Que ces cures, et notamment les cures réitérées, débilitent le patient ;

3° Qu'elles ont même des effets particulièrement fâcheux, tels que des troubles graves de la vue.

On incrimine particulièrement l'application du traitement aux porteurs du ver qui ne présentent pas encore de signes cliniques d'anémie. Est-il donc exact qu'on ait eu tort d'appliquer l'ordonnance du 13 juillet à tout le monde indistinctement ? Et maintenant qu'il n'y a presque plus de malades, mais seulement des porteurs du ver encore indemnes d'anémie, la même réglementation doit-elle encore être appliquée (1) ?

On revit en présence M. Tenholt, partisan de la modération, de la tolérance, et les hygiénistes stricts, aux yeux de qui les mesures prises ne sont jamais assez sévères. Et bien que l'Administration ait obtenu le bill d'indemnité qu'elle désirait, les préoccupations des derniers mois avaient été trop vives pour ne pas pousser à la conciliation.

Il ressort nettement de ces débats, en premier lieu, que le traitement ne doit nullement être considéré comme obligatoire. Sans doute M. Bruns estime qu'il n'y a pas à hésiter entre l'intérêt d'un individu et l'intérêt de la collectivité menacée, mais M. Lœbker lui-même admit qu'il serait imprudent de proclamer l'obligation du traitement. D'ailleurs, en fait, imposer l'examen et refuser de laisser descendre au fond les porteurs de vers, c'est im-

---

(1) D'une statistique du Dr Tenholt, il résulte que sur 21.612 personnes traitées pour la première fois ou à titre de récidive, du 1er janvier au 15 octobre 1903, 6,8 0/0 seulement furent expressément indiquées comme offrant des signes cliniques d'anémie. Dans 1,5 0/0 des cas seulement, le traitement a échoué et presque tous ces insuccès portaient sur des individus non anémiques ; encore faudrait-il grossir le nombre des échecs d'une partie des cures réitérées. Dans 4,2 0/0 des cas, trois cures ou davantage ont été nécessaires pour débarrasser le patient de ses vers. La Caisse générale de secours de Bochum a, par une circulaire du 6 août 1903, avisé ses médecins qu'il ne fallait pas réitérer le traitement plus de 3 ou 4 fois. Les cures ont été renouve'ées pour 10 à 15 0/0 des individus traités.

poser le traitement : car le mineur qui refuse de se laisser traiter perd sa situation ou du moins n'a plus de chance de trouver du travail qu'à la surface, pour un moindre salaire. La grande majorité subira donc la cure et ses récidives.

Mais existe-t-il au moins des garanties réelles de guérison ? — Nous ne connaissons pas d'autre agent de traitement efficace que l'extrait de fougère mâle, répondirent les médecins et les biologistes aux questions pressantes de l'Administration ; mais nous ne pouvons cacher qu'il a ses inconvénients. M. Tenholt a vivement insisté sur les déceptions que lui a causé ce traitement. « Au début dit-il, nous traitions des anémiques très gravement atteints et c'est alors que nous avons eu les succès les plus nets. Depuis lors des ouvriers moins malades nous ont donné des insuccès. En outre, des complications survenaient : vertiges, troubles de la vision ; il fallait arrêter la cure, donner des fortifiants. Lorsqu'enfin deux cas de cécité complète se furent produits, nous nous sommes cabrés. Nos assistants refusèrent même de prescrire un tel remède ».

Conclusion : les simples porteurs de vers semblent plus difficilement curables que les vrais malades : ménageons-les ; il y a moins de danger à les laisser aller et venir qu'à leur abîmer ainsi la santé !

Cette vieille distinction entre malades et simples porteurs de vers, une fois de plus défendue par M. Tenholt, fut de nouveau combattue par M. Lœbker et tous les autres spécialistes. « Nous ne devons pas, proclamèrent-ils, faire de distinctions entre ces deux catégories, prétendues différentes, d'individus dangereux. Les uns comme les autres, s'ils travaillent au fond, peuvent contaminer leurs camarades ; les uns comme les autres doivent être écartés des travaux du fond et, s'ils y consentent, doivent être traités. Rien n'empêche d'ailleurs d'espacer les cures, pour ceux que la première ne guérit pas ». Déjà la Caisse de secours leur accorde ses indemnités pendant.

24 semaines, ce qui leur laisse le moyen de se reposer longtemps entre les premières cures. Que la pause soit particulièrement longue après la troisième cure ; mais ne les laissons pas redescendre dans la mine s'il ne sont pas complètement guéris ».

Que faire d'eux, en attendant, et que faire des vrais « incurables » ? Les employer dans des mines réfractaires, dit le Dr Tenholt. Mais répliqua-t-on, il ne semble pas y avoir de mines réfractaires. Et d'ailleurs de quoi s'autoriserait-on pour obliger les exploitants de ces mines privilégiées à employer des ouvriers plus ou moins malades ?

Reste l'emploi aux travaux de la surface, d'autant plus recommandable qu'il constitue peut-être un moyen de guérison spontanée et lente[1].

D'ailleurs la plupart des spécialistes convoqués à la conférence semblèrent admettre que le traitement donne moins d'insuccès que ne l'indiquait M. Tenholt, et que les accidents sont extrêmement rares. Il serait déplorable, déclarèrent-ils, que l'on vînt démoraliser la population minière en exagérant l'importance de quelques insuccès, alors que le remède adopté a fait tant de bien dans des milliers et des milliers d'autres cas.

Les 12-13 janvier 1904, une nouvelle interpellation était adressée par les députés mineurs du Reichstag au Gouvernement impérial ; des reproches, à la fois menus et peu précis, furent adressés aux organes chargés de l'application des diverses mesures de police ainsi qu'aux compagnies.

Le ministre prussien du Commerce remit les choses au point, sans dissimuler les inconvénients, selon lui à peine évitables, qui étaient résultés d'une lutte engagée « avec une énergie de fer. » Aux orateurs qui niaient la dimi-

---

(1) A ce propos, il fut une fois de plus confirmé que les familles des mineurs infectés restent indemnes.

nution du mal, il opposa les statistiques qu'il nous reste à citer.

C. — *Les résultats du système.*

L'examen d'essai qui devait porter sur 20 0/0 du personnel du fond était à peu près terminé au début du mois de novembre 1903. En rapprochant les résultats de cet essai des constatations déjà faites précédemment par un grand nombre de mines, on peut admettre comme vraisemblable, dit le Gouvernement, que le nombre des malades ou, du moins, des porteurs de vers atteignait les proportions suivantes[1] :

CIRCONSCRIPTION minière.	PERSONNEL moyen du fond 2ᵉ trimestre 1903.	NOMBRE des malades ou porteurs de vers.	0/0 du personnel.
Hamm	812	30	3,7
Dortmund I	12.398	195	1,6
Dortmund II	13.976	435	3,1
Dortmund III	13.874	3.882	28,0
Ost-Recklinghausen	11.223	1.126	10,0
West-Recklinghausen	11.780	275	2,3
Witten	9.240	372	4,0
Hattingen	8.207	512	6,2
Sud-Bochum	9.411	874	9,3
Nord-Bochum	10.711	2.359	22,0
Herne	12.785	2.373	18,6
Gelsenkirchen	10.603	516	4,9
Wattenscheid	12.987	1.301	10,0
Ost-Essen	10.917	157	1,4
West-Essen	11.098	256	2,3
Sud-Essen	8.378	1.197	14,3
Werden	1.316	210	16,0
Oberhausen	19.014	1.091	5,7
TOTAL	188.730	17.161	9,09 0/0

---

(1) D'après le *Reichsanzeiger* du 3 novembre 1903.

Ces chiffres ne représentent qu'une estimation. Il est plus utile de connaître le nombre de mines entièrement revisées à plusieurs reprises et les proportions de malades qu'elles contenaient. Or, d'après les notes officielles qui ont successivement paru, le nombre des mines dont tout le personnel souterrain a été soumis à l'examen microscopique, jusqu'en janvier 1905, a fini par atteindre 140 environ, sur lesquelles 108 avaient déjà subi deux ou plusieurs examens complets. Dans ces dernières on avait constaté lors du premier examen la présence de 14.483 porteurs de vers; lors du dernier examen effectué, ce nombre était tombé à 2.655, soit une diminution de 81,7 0/0. Cette diminution s'accentue sans arrêt. Dans quelques fosses le nombre des porteurs de vers a été réduit presque à néant. Les chiffres suivants donne une idée des progrès accomplis :

ÉPOQUE de l'examen.	1903		1904			1905
	Fin septembre.	Fin novembre.	Fin mars.	Début de juin.	Milieu de septembre.	Milieu de janvier.
Nombre de fosses dont le personnel souterrain a été entièrement examiné..............	100	105	122	131	?	?
D° à plusieurs reprises .	37	62	89	101	107	108
Nombres des porteurs de vers constatés au premier examen.........	7.763	12.157	13 974	14.261	14.430	14.483
D° lors du dernier examen...............	4.049	4.819	4.079	3.972	3.480	2.655
Soit une diminution de.	3.714	7.338	9 895	10.289	10.950	11.828
Ou, pour 100..........	47,8	60,4	70,8	72,1	75,9	81,7

Ces chiffres comprennent les chiffres relatifs à la mine « Graf-Schwerin » qui est très lourdement frappée, ainsi qu'on le verra plus loin; défalcation faite des malades de cette mine, la dernière colonne de notre statistique indiquerait 13.669 porteurs de vers constatés au premier examen et 2.113 lors du dernier examen, soit une diminution de 84,5 0/0 [1].

De plus, l'Administration, désireuse de simplifier un peu l'application de son ordonnance, a renoncé, en ces derniers temps, à la régularité rigoureuse qu'elle s'était imposée au début, et, pour 54 fosses qui accusaient une sensible diminution de la maladie après trois examens au moins, elle a espacé les examens et accordé une sorte de repos au personnel.

Le tableau suivant indique, avec plus de détails, la situation des mines gravement atteintes (*automne 1904*), celles qui ont plus de 20 0/0 de malades [2]. On trouvera, pour chaque examen, en *a*) le nombre des porteurs de vers; en *b*) la proportion 0/0 du personnel du fond.

En étudiant ce tableau, on constate que la diminution du mal ne suit pas une courbe régulière. Elle est plus rapide à *Engelsburg* qu'à *Hausemann* ou à *Victor*. A *König Ludwig* et *Westhausen*, elle a la même allure. A *Borussia*, les progrès, très lents, font même place à une certaine reprise du mal.

Mais, dans leur ensemble, ces résultats ne justifient-ils pas les observations que le ministre présentait au cours de la conférence du 4 avril et qui nous serviront de conclusion?

« En somme, tout le monde est unanime à penser qu'il faut agir énergiquement. Je me réjouis de voir qu'on espère avoir terminé le premier examen au cours de cette année alors qu'autrefois on nous parlait d'années. Quand nous aurons effectué cette revision générale, nous aurons découvert la plupart des malades et des autres porteurs

---

(1) D'ailleurs, même à Graf-Schwerin, les progrès sont manifestes depuis qu'un nouveau puits est venu faciliter la ventilation; les porteurs de vers qui représentaient 66 0/0 du personnel du fond, n'en représentent plus que 30 0/0.

(2) La statistique accuse parfois certaines fluctuations explicables par ce fait qu'un examen microscopique ne révèle pas toujours la présence d'œufs, bien que l'individu soit en réalité porteur de vers.

CHARBONNAGES.	PREMIER examen		2e		3e		4e		5e		6e		7e		8e	
	a	b	a	b	a	b	a	b	a	b	a	b	a	b	a	b
A. von Hansemann.	326	26,8	234	20,1	140	12,6	82	6,8	30	3,1	—	—	—	—	—	—
Westhausen......	228	36,4	84	13,9	87	14,4	165	25,4	63	9,7	47	7,7	—	—	—	—
Borussia.........	310	42,4	100	17,6	75	12,4	57	9,4	50	8,3	49	7,7	58	9,1	67	10,9
Graf-Schwerin.....	814	66,1	542	44,2	—	—	—	—	—	—	—	—	—	—	—	—
Erin.............	1.177	80,0	615	44,0	461	31,8	225	15,4	187	12,5	163	11,1	139	0,4	—	—
König Ludwig I, II, III et IV........	663	38,7	575	31,8	268	11,1	203	10,8	166	8,7	136	7,1	—	—	—	—
Caroline (Bochum).	212	30,6	149	25,2	217	15,4	170	10,9	—	—	—	—	—	—	—	—
Constantin der Grosse I et IV.......	208	30,0	82	11,0	—	—	—	—	—	—	—	—	—	—	—	—
Constantin der Grosse II..........	254	38,6	125	17,0	—	—	—	—	—	—	—	—	—	—	—	—
Präsident II,......	211	42,7	68	13,6	64	10,7	88	6,3	—	—	—	—	—	—	—	—
Hannibal I........	325	38,5	218	22,1	133	13,8	131	13,1	—	—	—	—	—	—	—	—
Victor...........	440	23,5	262	14,4	231	11,9	132	6,5	—	—	—	—	—	—	—	—
Shamrock........	803	32,4	678	28,3	389	17,2	230	9,8	199	8,3	149	6,3	—	—	—	—
Engelsburg.......	224	22,9	123	11,8	92	11,3	10	1,7	7	0,9	—	—	—	—	—	—
Holland III et IV..	770	42,0	182	10,2	146	7,1	86	4,5	—	—	—	—	—	—	—	—
Wolfbank........	909	48,0	165	24,7	126	18,9	—	—	—	—	—	—	—	—	—	—
Wiesche.........	300	41,8	190	26,5	138	16,7	—	—	—	—	—	—	—	—	—	—

de vers, *nous saurons où trouver l'ennemi*. Certes, il ne faudra pas se faire d'illusions et croire qu'en un an tout sera fini : il faudra des années et des dizaines d'années d'attention et de grande prudence pour éviter un retour offensif du mal. Mais nous avions raison de dire que, le jour où nous connaîtrions l'étendue du mal, celui-ci aurait atteint le sommet de sa courbe. »

www.ingramcontent.com/pod-product-compliance
Ingram Content Group UK Ltd.
Pitfield, Milton Keynes, MK11 3LW, UK
UKHW020103100726
13658UKWH00004B/1954